AF501174

1514

LA GARDE NATIONALE DE METZ PENDANT LE SIÉGE

—

PAR UN CITOYEN DE METZ

—

METZ

GOBERT, LIBRAIRE-ÉDITEUR, RUE DU FAISAN, 12.

—

1871

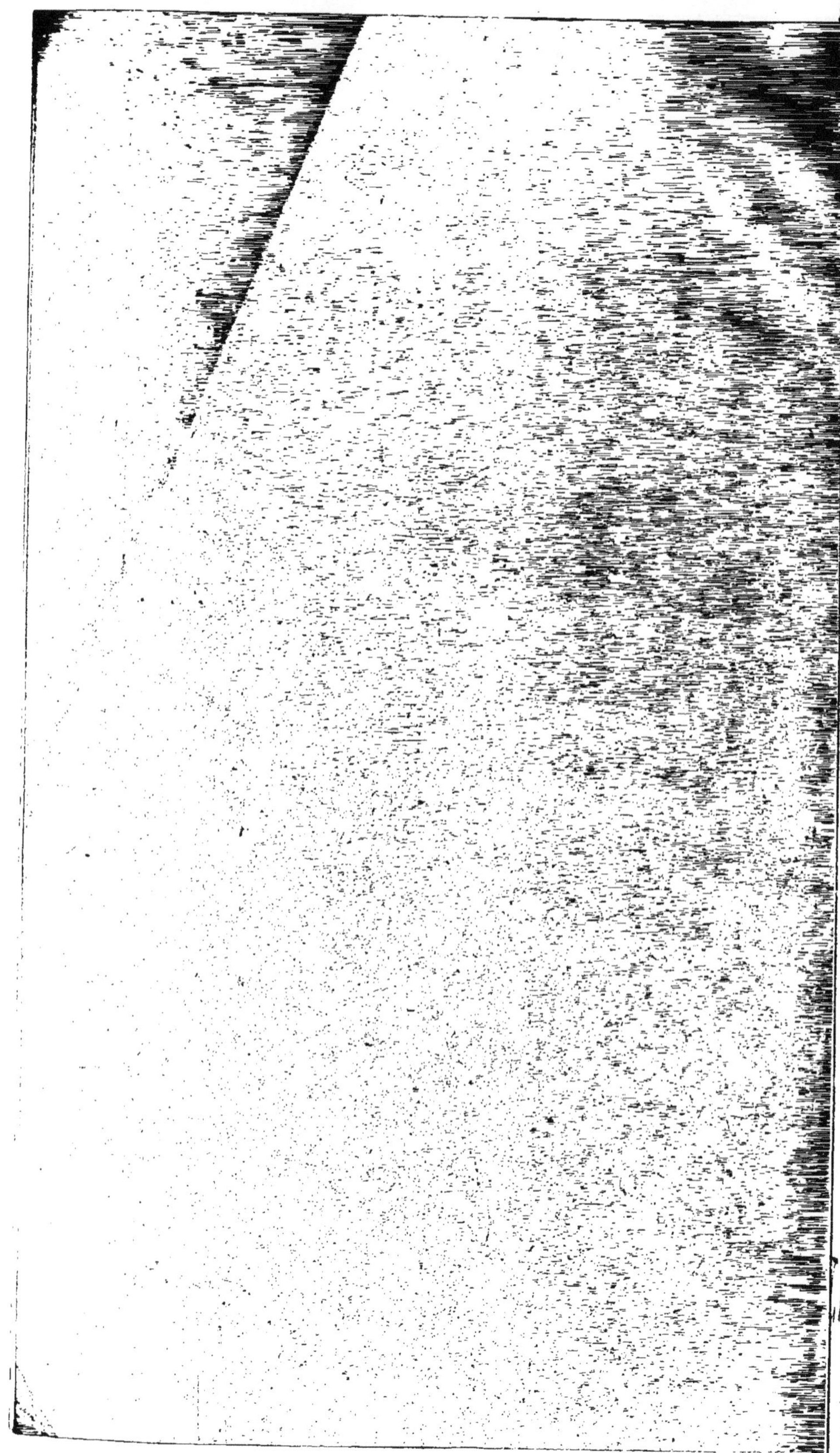

LA

GARDE NATIONALE

DE METZ

PENDANT LE SIÉGE

PAR UN CITOYEN DE METZ

METZ

GOBERT, LIBRAIRE-ÉDITEUR, RUE DU FAISAN, 12.

1871

METZ, IMP. J. MAYER, RUE DE LA HAYE.

PRÉFACE

Le 29 octobre 1870, une indigne capitulation livrait à l'ennemi de la France une de ses grandes armées ; elle lui livrait en même temps la ville de Metz, son plus important boulevard, vierge jusqu'alors de toute souillure. Cette capitulation inouïe dans l'histoire des temps anciens et modernes était l'œuvre et le résultat de manœuvres d'autant plus odieuses qu'elles s'étaient ourdies dans l'ombre et s'étaient masquées jusqu'au dernier moment par les apparences d'un patriotisme qu'on devait croire sincère; il semblait exclure toute idée d'une trahison que son énormité même rendait invraisemblable. Elle est aujourd'hui manifeste et prouvée jusqu'à l'évidence. Le pays la jugera sévèrement ; la postérité la flétrira. On ne sait pas lutter contre la trahison. Comme toute la population de Metz, la garde nationale fut victime d'un complot qu'elle ne put pas déjouer. Il lui appartient comme à la ville tout entière de protester de toute son indignation contre les auteurs de cette trahison, et de montrer qu'elle fut prête à tout pour sauvegarder l'honneur national et conserver Metz à la France. C'est l'objet de cette brochure.

LA

GARDE NATIONALE

DE METZ

PENDANT LE SIÉGE

—

PAR UN CITOYEN DE METZ.

—

La garde nationale fut reconstituée à Metz en 1830, après la révolution de Juillet ; elle se composa alors de deux légions, d'une compagnie d'artillerie et d'un peloton de cavalerie, sous le commandement d'un général. Elle subsista ainsi pendant le règne de Louis-Philippe. Elle fut constamment pendant les dix-huit années de ce règne le foyer d'un fervent patriotisme et d'un libéralisme éprouvé. La république de 1848, qu'elle acclama, ne changea rien à son organisation, sauf l'extension du corps d'artillerie, qui fut formé en un escadron de quatre batteries. Depuis, elle se montra, elle fut franchement et résolument républicaine, également ennemie de toute tentative de réaction et de dictature ; elle s'affirma, en ce sens, dans diverses occasions. Aussi fut-elle dissoute aussitôt après le coup d'Etat du 2 décembre. Malgré les services qu'on aurait pu attendre d'elle dans une place comme Metz, elle ne fut pas reformée, même dans les conditions restreintes de certaines autres villes. Ce ne fut qu'après Reischoffen et Forbach, lorsque l'invasion des armées allemandes devint imminente, que le besoin de sa reconstitution se fit sentir à l'homme qui l'avait tenue dans une longue suspicion. Il était alors à Metz. Les citoyens de la ville demandaient des armes. On parut céder à leurs patriotiques réclamations.

Néanmoins, la garde nationale de Metz ne fut réorganisée en cette ville que tardivement. On ne pensa à elle qu'après le départ de l'ex-empereur, c'est-à-dire qu'après le 15 août. Dès le début même, on ne procéda, pour sa réorganisation, que par tâtonnements, en n'appelant d'abord pour en faire partie que des volontaires sous des chefs non élus, choisis parmi les anciens militaires. Ce ne fut que sous la pression impérieuse des événements, et lorsque l'investissement de Metz était déjà consommé, qu'on dut lui rendre les garanties de son institution et lui appliquer la loi du 13 juin 1851.

La garde nationale se forma immédiatement, avec entrain et promptitude ; les citoyens s'étaient organisés et habillés avant même qu'ils fussent armés et équipés. Le même sentiment de défiance se manifesta vis-à-vis d'elle pour son armement, qui s'opéra lentement, comme à regret. L'arsenal regorgeait de fusils Chassepot ; il y en avait deux cent mille qui sont devenus plus tard la proie de l'armée prussienne ; on l'arma de fusils à percussion. Malgré cela, chacun peut dire qu'elle se mit, sans aucune hésitation, à la hauteur de sa situation et des graves devoirs qui allaient lui incomber. Peu de gardes nationaux manquèrent aux exercices qui leur étaient imposés une et deux fois par jour ; peu se sont soustraits aux exigences d'un service souvent onéreux et fatigant. On se garda bien, toutefois, de permettre des exercices à feu, qui étaient unanimement demandés et étaient nécessaires.

Ce n'est que plus tard encore, 29 août 1870, qu'on songea à la reconstitution de l'artillerie de la garde nationale. La méfiance et les rancunes du pouvoir, aujourd'hui déchu, poursuivaient ce corps spécial qui pouvait être si utile dans une place comme Metz. On sait que ce corps avait été brutalement dissous en 1851 par le président de la République. Il avait eu le tort de trop montrer les ardeurs de son légitime patriotisme et de rappeler à son serment l'homme qui devait si impudemment le violer à quelques mois de là. Pour sa réorganisation, on fit appel aux volontaires : en un instant, les cadres des cinq batteries qui composaient son escadron étaient remplis de telle sorte que, par suite du refus de l'autorité de laisser dépasser un certain nombre à l'effectif de chaque batterie, de nombreux volontaires durent rester à la suite et n'être pas armés ni équipés. L'artillerie de la garde nationale avait la conscience de ce qu'elle pouvait et devait faire pour la défense de Metz et sa conservation à la France ; son zèle fut prodigieux. En huit jours, son instruction était complète pour le service des pièces de siége qui garnissaient les remparts.

Ce résultat fut constaté et proclamé par M. le général de Mecquenem, commandant de l'artillerie de la place, dans la visite que lui firent les officiers de l'artillerie de la garde nationale quelques jours après sa réorganisation. Dans sa réponse au commandant de l'escadron, qui mettait l'artillerie à sa complète disposition, le général de Mecquenem déclara qu'à raison de l'aptitude des artilleurs des batteries, dont il s'était rendu compte par lui-même, il s'était entendu avec le général Coffinières pour leur confier le service exclusif des fronts de place et des forts intérieurs tels que Belle-Croix, Gisors, la lunette d'Arçon, Miollis, de manière à utiliser pour le service des forts extérieurs toute l'artillerie de ligne disponible.

Cette déclaration du général de Mecquenem fut confirmée en tous points par le général Coffinières lors de la visite que lui firent les officiers de l'artillerie le 18 septembre. — « J'attendais votre visite, dit-il à ces derniers, « et si vous n'étiez point venus, j'aurais été à vous. J'é-« prouvais le besoin de vous dire ce que j'avais appris « par moi-même, et par M. le général de Mecquenem, de « votre complète instruction si rapidement acquise. J'a-« vais besoin de vous exprimer toute ma satisfaction sur « le concours éprouvé et intelligent que je rencontrais « dans toute la garde nationale de Metz pour défendre, « jusqu'à la dernière extrémité, les remparts de la Cité « tenus d'ailleurs en sûreté par les forts extérieurs. J'é-« prouve un regret, que je dois vous manifester : c'est que « vous ne soyez pas assez nombreux, et j'espère que vous « parviendrez à doubler votre effectif. L'action des canons « qui vous sont confiés peut se combiner utilement avec « celle des forts dans des circonstances données ; et pour « cela j'ai toute confiance en vous. Je vous aiderai de tous « mes moyens. »

Cette réception fut d'ailleurs des plus courtoises. Elle puisait un certain intérêt dans ce fait que, la veille, l'autorité avait fait placer devant les maisons et sur les principales places de la ville une grande quantité de tonneaux pleins d'eau. Ce ne pouvait être que dans l'éventualité d'un bombardement possible et prochain; et comme le commandant de l'artillerie affirmait au général que l'artillerie et toute la garde nationale étaient prêtes à monter sur les remparts pour défendre l'indépendance de la cité et l'honneur national, ce dernier répondit qu'il « n'y « avait pas encore de danger pour la ville, défendue par « l'armée et les forts, et que l'ennemi ne pouvait tenter « de bombarder Metz, le nœud de la guerre devant proba- « blement se dénouer à Paris » ; il ajouta que, « chaque « jour, il avait des relations aux avant-postes avec l'armée « prussienne, et qu'il avait l'assurance qu'il n'y avait alors « aucun projet de bombardement. »

Dans cet échange de sentiments patriotiques, il y avait de quoi réconforter encore le courage de la garde nationale et fortifier sa ferme résolution d'affronter tous les dangers et tous les sacrifices pour conserver Metz à la France, en lui donnant une certaine confiance dans le chef qui devait aider et présider à cette œuvre. Funestes illusions cruellement déçues plus tard!

Quoi qu'il en soit, de tout ce qui précède il résulte que la garde nationale de Metz était parfaitement organisée et instruite; elle était parvenue en peu de temps à ce résultat qu'elle devait à ses efforts opiniâtres, et qui se fondait sur son ardent désir de remplir énergiquement tous ses devoirs. On avait pu s'en rendre compte déjà lors des funérailles du brave général Decaen, le 3 septembre.

On put le constater surtout lors de la revue passée le 25 septembre par le colonel Laffite. Le *Courrier de la Moselle,* dans son numéro du 27 septembre, parle ainsi de cette revue :

« La première revue de la garde nationale a été passée « avant-hier par M. le colonel Laffite. L'escadron d'ar- « tillerie et cinq beaux bataillons d'infanterie se dévelop- « paient dans toute l'étendue de la rue Belle-Isle et de « quelques rues adjacentes ; il y avait là cinq ou six mille « hommes, ayant déjà une bonne attitude, et capables de « rendre des services réels. »

Seulement, la garde citoyenne aurait pu encore, dans ces deux occasions, entrevoir les signes non équivoques de la méfiance qu'elle excitait, sans qu'elle s'en doutât, dans l'esprit d'hommes qui avaient probablement déjà leurs arrière-pensées. A l'enterrement du général Decaen elle n'occupait pas son ordre de bataille réglé par la loi. Ni le chef de l'armée qui entourait Metz, ni le commandant supérieur de la place n'avaient songé à se mettre en communication avec elle, ni à la passer en revue. Ils redoutaient sans doute l'explosion de l'ardent patriotisme qui animait la garde nationale ; ils craignaient probablement qu'elle ne leur demandât, par une démonstration légitime, la proclamation de l'état de choses qui avait remplacé en France l'empire déchu ; ils avaient bien tort, ces hommes; s'ils avaient eu encore le moindre sentiment d'honneur national, s'ils avaient daigné ou osé la consulter, ils n'auraient reçu d'elle que de salutaires avertissements! loyale et honnête, la garde nationale de Metz n'aurait fait qu'affirmer sa volonté ferme et indomptable de résister à outrance à l'ennemi, comme aussi de répudier un passé honteux et acclamer les nouvelles destinées qui s'ouvraient pour la France. Qui sait si ces hommes ne se fussent pas arrêtés dans leurs desseins? Ils ne l'ont point voulu.

Ce fut au bruit du canon, au milieu du fracas des armes, que s'opéra rapidement l'instruction de la garde nationale. Elle assistait, frémissante, et sans y prendre part, aux émouvantes péripéties de la guerre qui se faisait alors autour de ses remparts. Elle voyait à Borny, le 14 août, la sanglante bataille qui devait refouler l'étranger si elle avait commencé plus tôt ; la victoire de Gravelotte, glorieuse boucherie qui ne fut livrée et qui ne servit que pour faciliter l'évasion de celui qui devait être bientôt *l'Homme de Sedan ;* elle entendait les terribles échos de la bataille de Saint-Privat, le 18, où des inepties incalculables nous arrachaient une victoire presque décidée et où n'assistait pas, chose impossible à croire, le général en chef, Bazaine, inactif pendant toute la journée dans sa maison du ban Saint-Martin, d'où il se bornait, sur le soir, à commander la retraite.

Après ces trois batailles qui devaient être le salut, Metz, sa population, l'armée n'avaient plus de communication avec le dehors. L'armée se concentrait et se massait autour de la ville. Le marasme se faisait autour d'elle par ses chefs. Elle ne devait presque plus en sortir, et, sauf quelques brusques et terribles réveils, elle devait fatalement succomber aux effets délétères d'une sorte de stupeur qu'on s'ingénia à augmenter graduellement.

Dans les douloureuses et graves circonstances qu'on traversait alors, la garde nationale avait la conscience de ses devoirs. Elle voulait les remplir. Elle les aurait remplis. Elle était calme et sans forfanterie. C'est le caractère messin. Mais elle était froidement résolue à tout affronter, à tout souffrir. Elle avait appris l'odieuse et indigne capitulation de Sedan, la marche en avant des Prussiens sur Paris, l'investissement de cette ville, sa résolution de se défendre. Elle comprenait et se disait que Metz, tenant en même temps que Paris, le salut de la France pouvait dépendre de ces deux résistances. Mais, seulement, elle sentait que la nombreuse armée qui l'entourait, et qu'elle s'étonnait qu'on laissât inactive, devenait un péril plutôt qu'un secours pour la cité qu'elle affamait davantage de jour en jour. Attachée de cœur aux braves soldats qui composaient cette armée, elle désirait néanmoins et sollicitait leur éloignement ou leur emploi efficace, ne demandant que les forces nécessaires pour la défense de la ville et des forts, offrant à cette œuvre son concours le plus absolu, le plus dévoué et le plus énergique.

C'est dans ces perplexités poignantes que s'écoulèrent le mois de septembre et la première partie du mois d'octobre. La garde nationale assistait, anxieuse, à ces combats sous Metz, toujours glorieux pour l'armée, mais toujours inutiles, parce que, comme à dessein, on n'en poursuivait pas les résultats. Il semblait qu'on prodiguât à plaisir le sang de nos braves soldats. Elle ne pouvait encore, en sa droiture, suspecter de trahison ceux qui portaient l'uniforme des plus hauts grades de l'armée. Franchement patriote, elle croyait encore, elle devait croire au patriotisme, à l'honneur de ceux qui commandaient l'armée et la place de Metz. Elle ne voulait pas contrarier leurs plans. Cela fut souvent répété.

On avait placardé sur tous les murs de Metz l'affiche suivante :

« Habitants de Metz,

« On a lu dans un journal allemand, la *Gazette de la* « *Croix*, les nouvelles les plus tristes sur le sort d'une « armée française écrasée par le nombre de ses adversaires, « sous les murs de Sedan, après trois jours d'une lutte « inégale. Ce journal annonce également l'établissement « d'un nouveau gouvernement par les représentants du « pays.

« Nous n'avons pas d'autres renseignements sur ces « événements, mais nous ne pouvons non plus les dé- « mentir.

« Dans des circonstances aussi graves, notre unique « pensée doit être pour la France ; notre devoir, à tous, « simples citoyens ou fonctionnaires, est de rester à « notre poste, et de concourir ensemble à la défense de « la ville de Metz. En ce moment solennel, la France, la « patrie, ce nom qui résume tous nos sentiments, toutes « nos actions, est à Metz, dans cette cité qui a tant de fois « résisté aux efforts des ennemis du pays.

« Votre patriotisme, ce dévouement dont vous donnez « déjà tant de preuves par votre empressement à recueillir « et à soigner les blessés de l'armée, ne peuvent faire « défaut. Vous saurez vous faire honorer et respecter de « vos ennemis par votre résistance ; vous avez d'ailleurs « d'illustres souvenirs qui vous soutiendront dans cette « lutte énergique.

« L'armée qui est sous vos murs, et qui a déjà fait con- « naître sa valeur et son héroïsme dans les combats de

« Borny, de Gravelotte, de Servigny, ne nous quittera
« pas ; elle résistera avec nous aux ennemis qui nous
« entourent, et cette résistance donnera au gouvernement
« le temps de créer les moyens de sauver la France, de
« sauver notre patrie.

« Metz, le 13 septembre 1870.

« L. Coffinières,

« *Commandant supérieur*.

« P. Odent, Préfet. « F. Maréchal, Maire. »

Les idées exprimées dans cette proclamation étaient celles de la garde nationale de Metz. Elle attendait sans crainte et sans rodomontades qu'on mît à l'épreuve son courage et son dévouement.

Il est démontré aujourd'hui, jusqu'à l'évidence, que déjà, à cette époque, se préparaient les odieuses trames qui devaient se dénouer bientôt d'une façon si lugubre. Mais elles se masquaient alors vis-à-vis de la garde nationale, comme d'ailleurs vis-à-vis de l'armée, par une astuce machiavélique. On ne ménageait pas les protestations hypocrites et mensongères en même temps qu'on procédait par une intimidation souvent brutale, en allant même jusqu'à menacer la population de rigueurs et de répressions de la part de l'armée.

C'est ainsi qu'au moment où l'on s'y attendait le moins, le 2e de ligne, qui jusqu'alors avait occupé le fort Belle-Croix, vint occuper militairement le Marché Couvert situé au centre de la ville, et le poste de l'hôtel de ville qui appartenait essentiellement à la garde nationale. Que signifiait cet acte de méfiance que rien ne justifiait? La population de Metz était calme, paisible. Chacun peut attester l'admirable attitude de la classe ouvrière, qui souffrait déjà, elle, par le fait du blocus et du chômage de ses travaux, bien des privations. On la voyait patiemment et sans murmures attendre son pain à la porte des boulangers : pas le moindre rassemblement n'avait inquiété l'autorité. Le commandant de la place de Metz prétendit alors que l'ordre d'occupation du Marché Couvert et de l'hôtel de ville émanait du maréchal Bazaine pour des raisons stratégiques. La garde nationale ne s'y méprit point; elle réclama, et le poste de l'hôtel de ville lui fut rendu. Mais le régiment fut maintenu au Marché Couvert, et quelques jours plus tard, on retirait aux gardes nationaux les cartouches qui leur avaient été délivrées. La garde nationale, de fait, se trouvait désarmée.

Cependant la situation se tendait chaque jour davantage. Des bruits de toute nature circulaient dans la cité. Ils émanaient des prisonniers de Sedan qui avaient passé, le 9, presque sous les murs de Metz. On parlait de la proclamation de la République, de la patrie tout entière en armes pour résister à l'étranger, de secours dirigés sur Metz. Le mutisme de l'autorité à cet égard était complet. Il effrayait. Déjà la pensée qu'elle méditait une restauration impériale, une capitulation, se faisait jour dans les rangs de la garde nationale et faisait bondir tous les cœurs d'indignation. Corps organisé, ne voulant pas rompre violemment les règles qui formaient la base de son institution, elle manquait cependant de direction efficace. Pour y suppléer, une réunion des officiers de la garde nationale fut provoquée : elle eut lieu le 11 octobre à l'hôtel de ville. Ces officiers firent demander le Maire, qui se rendit à leur invitation, et le prièrent de les accompagner chez le général Coffinières.

Pendant la conférence qui se tenait ainsi dans un des salons de l'hôtel de ville, une foule compacte de citoyens et de gardes nationaux sans armes remplissait la place. On demandait, à grands cris, que l'aigle qui surmontait le drapeau arboré au-dessus de la porte de l'hôtel de ville fût abattu. Un billet exprimant ce vœu fut adressé aux officiers de la garde nationale et transmis au Maire par l'un d'eux qui, aux acclamations de tous, déclara que le vœu du peuple était celui des officiers de la garde nationale et de celle-ci tout entière. M. le Maire ordonna que l'aigle fût arraché, disant en souriant : « Enlevez l'oiseau. » Cet ordre fut immédiatement exécuté et l'insigne impérial fut jeté sur la place aux applaudissements de toute la population qui s'y pressait. Une députation d'officiers fut alors nommée ; elle se rendit immédiatement, avec M. le Maire de Metz, chez le général Coffinières. Elle fut aussitôt introduite. Les détails de l'entrevue sont importants : il est utile de les reproduire. Un des commandants faisant partie de la députation prit la parole. Il se plaignit d'abord du mutisme complet dans lequel se renfermaient les généraux sur les nouvelles du dehors qui transpiraient en ville. Il formula ensuite diverses demandes, telles que la remise des portes de la ville à la garde nationale et l'introduction de l'artillerie dans les forts, ce qui fut accordé. Il demanda que la garde nationale fût armée de chassepots, et posa ensuite au général Coffinières la question de savoir si ses pouvoirs comme commandant de la place de Metz étaient indépendants du maréchal Bazaine, et si la population et la garde nationale pouvaient compter sur lui pour la défense à toute extrémité de la ville, quels que fussent les desseins et les actes du maréchal à l'égard de son armée. La réponse du général sur ce point fut nette et précise : « Quand « une place assiégée, dit-il, se trouve entourée par une « armée que commande un officier d'un grade supérieur « à celui du commandant de la place, ce dernier doit « obéir au chef de l'armée et exécuter les ordres qu'il en « reçoit, mais *en tant seulement* que les ordres ont trait « aux mouvements stratégiques et aux besoins de cette « armée. En ce qui concerne la place et sa défense « propre, elle se trouve sous la direction exclusive de son « commandant spécial, et sous sa responsabilité directe. » Un autre officier de la députation prit à son tour la parole sur les deux questions les plus brûlantes du moment. Il fit observer au général que des bruits sinistres, des rumeurs désolantes circulaient dans la population de Metz, qu'on y parlait de projets préconçus de capitulation et de restauration impériale, que la population et la garde nationale s'indignaient de ces projets, que leur surexcitation était énorme, qu'il était du droit et du devoir des officiers de la garde nationale de provoquer sur ces deux points des explications catégoriques.

Voici la réponse à peu près textuelle du général : « Je « n'ai, en ce qui me concerne, aucune attache avec le « pouvoir déchu, et je ne dois ma position qu'à mes ser- « vices. J'ai dû reconnaître et je reconnais le gouverne- « nement de fait qui existe à Paris, et je suis décidé à « recevoir ses instructions et à obéir à ses ordres, dès « qu'ils me parviendront. Je repousse avec énergie toute « idée de capitulation. Mon devoir est tracé par ma con- « science et par la loi militaire, qui me défend, *sous*

*

« *peine de mort*, de rendre la ville dont la défense m'est « confiée, tant que son dernier rempart n'a pas été troué « par une brèche, tant que la ville n'est pas incendiée « par un bombardement, et tant qu'il reste un morceau de « pain. C'est vous dire que je compte, avec votre con- « cours, défendre Metz jusqu'à la dernière extrémité. Je « crois pouvoir vous dire que le maréchal Bazaine partage « mes idées sur une restauration impériale désormais im- « possible. Je puis vous en donner la preuve. S'adressant alors à un de ses aides de camp, capitaine du génie : « Veuillez, lui dit-il, montrer à ces messieurs la procla- « mation de M. le maréchal Bazaine à l'armée. » Le capitaine interpellé produisit et lut aussitôt un ordre du jour par lequel le Maréchal faisait connaître à l'armée les événements survenus à Paris et faisait appel à son patriotisme.

Sur l'insistance de l'interlocuteur du général, qui fit remarquer que cette proclamation n'avait pas été portée à la connaissance de la population de Metz ni de la garde nationale, et qu'il était nécessaire et urgent, pour opérer un apaisement désirable, que les sentiments du chef de l'armée et du commandant de la place s'affirmassent sincèrement et ouvertement, le général répondit : « Je vous « renouvelle du fond du cœur les assurances que je viens « de vous donner en ce qui me concerne. Vous compren- « drez que je ne puis rien dire au nom du maréchal « Bazaine sans m'être entretenu avec lui. Je vais aller le « voir aujourd'hui même et je vous transmettrai sa ré- « ponse qui, je l'espère, vous donnera toute satisfaction. »

Le général Coffinières ayant fait ensuite connaître l'énorme diminution des chevaux de l'armée, le commandant de l'artillerie se porta fort qu'il pourrait en fournir deux mille pour la ville. M. le Maire, s'adressant alors au général Coffinières, lui dit qu'en présence de ses affirmations si précises, les officiers de la garde nationale se retiraient en emportant les meilleures impressions.

Le général Coffinières alla le soir même au ban Saint-Martin. On l'y plaisanta, paraît-il. On y parla même, dit-on, de faire user des dernières rigueurs envers certains officiers de la garde nationale.

Quoi qu'il en soit, le lendemain même, il était inséré à l'ordre de la garde nationale qu'elle monterait désormais la garde à toutes les portes de la ville. On ajoutait : « Messieurs les commandants de compagnie voudront bien « prévenir leurs hommes que le général Coffinières *seul* « commande la ville, et que jamais il ne signera une « capitulation sans l'assentiment d'un conseil de défense. »

En même temps on affichait sur les murs de la ville la déclaration suivante :

« Le Maréchal commandant en chef de l'armée du Rhin n'ayant reçu aucune nouvelle affirmant les heureux faits de guerre qui se seraient passés à Paris, se borne à en souhaiter la réalisation et assure les habitants de Metz que rien ne leur est caché ; qu'ils aient donc confiance dans sa loyauté.

« Du reste, jusqu'à ce jour, le Maréchal a toujours communiqué à l'autorité militaire de Metz les journaux français ou allemands tombés entre nos mains.

« Il profite de l'occasion pour assurer que, depuis le blocus, il n'a jamais reçu la moindre communication du gouvernement, malgré toutes les tentatives faites pour établir des relations.

« Quoi qu'il advienne, une seule pensée doit, en ce moment, absorber tous les esprits, c'est la défense du pays, un seul cri doit sortir de toutes les poitrines :

« Vive la France !

« Ban Saint-Martin, le 11 octobre 1870. »

Le 13 octobre, dans la soirée, avait lieu l'imposante manifestation que chacun connaît à Metz, et dont ont rendu compte les journaux du moment. Une foule immense d'officiers, de soldats, d'habitants, de gardes nationaux en tenue, et sans armes stationnaient sur la place de l'Hôtel-de-Ville. Le péristyle fut bientôt envahi. Le Maire de la ville, entouré du Conseil municipal, descendit à la lueur des flambeaux le large escalier de pierre et, debout sur les dernières marches, s'adressant d'une voix forte au général Coffinières, il lui dit au milieu d'un profond silence :

« Général, la démarche faite auprès de vous par les « officiers de la garde nationale a été inspirée par leur « sérieuse résolution de s'associer énergiquement à la « défense de la ville.

« La garnison, à qui appartient cette défense, peut « compter sur l'ardent concours d'une population inca- « pable de faiblesse, quoi qu'il arrive.

« Les communs efforts de l'une et de l'autre garderont « jusqu'aux dernières extrémités, à la France sa prin- « cipale forteresse, et aux Messins une nationalité à la- « quelle ils tiennent comme à leur bien le plus cher.

« Le Conseil municipal se fait l'interprète de la Cité « tout entière ; il ne peut se défendre d'exprimer son « douloureux étonnement de la tardive connaissance qui « lui est donnée par votre lettre de ce jour seulement,

« des ressources en subsistances sur lesquelles le com-
« mandant supérieur peut compter, pour assurer la dé-
« fense de la place.

« La population en subira néanmoins les conséquences
« avec courage; elle ne veut, sous aucune forme, assumer
« la responsabilité d'une situation qu'il ne lui a pas été
« donné de connaître ni de prévenir.

« Nous vous prions, Monsieur le général, de faire par-
« venir à M. le maréchal Bazaine cette expression de nos
« sentiments. Ils se résument dans le cri de :

« Vive la France ! »

Le général Coffinières répondit à cette déclaration en termes qui semblaient refléter le plus grand patriotisme. Il dit alors, aux applaudissements de tous, qu'on ferait fusiller celui qui parlerait de capitulation.

Comment, avec tout cela, la garde nationale n'aurait-elle pas encore conservé quelque confiance ? Elle s'offrait à tous les sacrifices, à tous les dévouements; on renchérissait sur son patriotisme. On la trompait cependant comme on trompait l'armée. L'œuvre de trahison suivait son cours. Elle s'accomplissait.

L'inquiétude, néanmoins, ne se calmait pas. Le 14 octobre, un rassemblement considérable de gardes nationaux se forma encore sur la place d'Armes. Le général Coffinières fit appeler chez lui les commandants des bataillons et leur affirma de nouveau, *sur l'honneur*, qu'il répondait de la défense et de la conservation de la place. Il affirma encore que ni lui ni le maréchal Bazaine n'avait de nouvelles de Paris ni des autres parties de la France.

Le lendemain 15, le maréchal Bazaine, de son côté,

mandait les chefs de bataillons à son quartier général au ban Saint-Martin. Il leur fit part de son étonnement des bruits injurieux qui circulaient sur son compte à Metz, jura qu'il était fidèle à la France, au gouvernement de la défense nationale, et qu'il saurait préserver Metz de toute atteinte. Toutes ces assurances étaient un leurre à la loyale confiance de la garde nationale. Elles masquaient les projets qui devaient bientôt recevoir leur réalisation. On sait par quelle duplicité indigne, par quel amas de nouvelles, toutes fausses et mensongères, par quelles promesses décevantes on y préparait les officiers de l'armée, et l'armée tout entière. En ce moment, on disait aux officiers de l'armée que la France était entièrement livrée à l'anarchie, que le gouvernement de la défense nationale n'avait plus aucun pouvoir, que le drapeau rouge était arboré dans toutes les grandes villes, à Lyon, à Marseille, que Rouen avait appelé l'armée prussienne pour la protéger, que l'armée allait être employée à rétablir l'ordre troublé partout. On disait aux soldats qu'ils allaient être renvoyés dans leurs foyers. Enfin on protestait vis-à-vis de la garde nationale que l'armée allait partir, qu'on laisserait à Metz une ou deux divisions pour assurer la défense de la place. C'est tout ce que demandait la garde nationale, dont le concours dévoué fût alors devenu efficace. Dans ces conditions, Metz eut pu tenir longtemps encore. Tout cela n'était que mensonge. Il n'y avait de vrai que les menées et les négociations clandestines dans lesquelles se trouvait alors engagé le maréchal Bazaine.

Cependant la garde nationale, en ce moment, pour mieux cimenter son union avec l'armée, signait et faisait circuler dans tous les camps autour de Metz, adresses sur adresses. L'une était ainsi conçue :

« A nos frères de l'armée :

« Les citoyens et gardes nationaux de la ville de Metz, « inspirés par les nobles résolutions du Conseil municipal, « viennent vous offrir leur concours pour defendre l'in- « dépendance de la patrie menacée. Ils sont convaincus « que vous accueillerez avec bonheur cette démarche et « que vous résisterez avec nous à toute idée de capi- « tulation.

« L'honneur de la France et du drapeau que vous avez « toujours défendus avec une invincible vaillance, la « gloire de notre cité, vierge de toute souillure, nos obli- « gations envers la postérité nous imposent l'impérieux « devoir de mourir plutôt que de renoncer à l'intégrité « de notre territoire.

« Nous verserons avec vous la dernière goutte de notre « sang ; nous partagerons avec vous notre dernier mor- « ceau de pain.

« Levons-nous, comme un seul homme, la victoire est « à nous.

« Vive nos frères de l'armée ! vive la France une et in- « divisible ! » — (Suivent les signatures des citoyens et « des gardes nationaux.)

Quelques officiers répondirent à ces fraternelles et sincères avances par des affirmations chaleureuses. Néanmoins, l'accueil fait à ces adresses par l'armée fut généralement froid, un peu dédaigneux. On avait sans doute calomnié à dessein l'esprit et les tendances de la garde nationale de Metz. On avait un intérêt évident à empêcher un accord qui pouvait sauver Metz. On avait semé la défiance contre la garde nationale. Cette défiance produisait ses fruits.

C'est ainsi que la garde nationale traversa les derniers jours d'octobre. Les bruits les plus sinistres circulaient. La vérité commençait à se faire jour. Les esprits s'exaspéraient. Un malheur pour la garde nationale fut qu'elle manqua d'une direction dans le commandement. L'énergie d'un chef eût pu donner un résultat utile à ses manifestations toujours provoquées et suivies par une action collective de certains de ses membres, officiers ou soldats agissant sans ordre et sans la discipline nécessaire à tout corps constitué.

Une nouvelle réunion d'officiers de la garde nationale eut lieu à l'hôtel de ville le 15 octobre. Il y fut proposé d'offrir au général Changarnier le titre et les fonctions de général de la garde nationale; chacun voulait la résistance à outrance de la ville, quels que fussent les résolutions et les actes du maréchal Bazaine en ce qui concernait l'armée, et l'on comptait que le général Changarnier pouvait, par son influence et sa réputation, entraîner dans cette lutte suprême une portion de l'armée sans laquelle le succès pouvait être douteux. La proposition, vivement combattue à raison des antécédents du général, partisan déclaré d'une régence dynastique, et des méfiances qu'il pouvait inspirer pour l'avenir, fut néanmoins accueillie. Une députation fut nommée. Elle se rendit immédiatement chez le général Changarnier. Un procès-verbal de l'entrevue qu'elle eut avec ce dernier fut dressé par le délégué qui avait présenté la députation au général; il importe de transcrire ce procès-verbal.

« Le général, après avoir dit qu'il était extrêmement « flatté de la démarche que je lui annonçais, ces messieurs « introduits, le leur a répété et a ajouté que, soldat avant « tout, il considérait l'obéissance au commandant de l'ar- « mée comme son premier devoir ; que pour cette raison, « il ne voulait pas répondre à notre demande avant de « l'avoir soumise au maréchal Bazaine et d'avoir son assen- « timent ; qu'il était convaincu qu'il ne pouvait entrer « dans le cœur d'un soldat français comme le maréchal « rien que de noble et de loyal, et que, dans cette persua- « sion, il le suivrait là où celui-ci conduirait l'armée ; « que le rôle de la garde nationale étant surtout de veiller « à la sécurité de la ville et des remparts, lui, général « Changarnier, préférerait, s'il ne consultait que ses sym- « pathies, un poste plus actif ; mais que si le maréchal « Bazaine lui donnait la tâche de nous commander, mal- « gré certaines considérations personnelles, il la rem- « plirait, et que son premier soin serait alors de nous « conduire à Ladonchamps, pour y relever le bataillon « de ligne placé aux avant-postes ; qu'il ne pouvait pas « répondre immédiatement à notre demande et qu'il y « réfléchirait. Le général a ajouté qu'on avait vu avec « peine, dans l'armée, certaines demandes qui avaient été « faites pour le service des pièces d'artillerie dans les forts « et des portes de la ville, ainsi que les manifestations « bruyantes qui s'étaient produites pendant ces derniers « jours, au sujet d'un chef d'armée dont, jusqu'à preuve « contraire, il n'est permis à personne de suspecter la « loyauté, et que, sous ses ordres, si elle y était placée, la « garde nationale ne devrait pas oublier que son rôle était « aussi d'observer et de faire régner le calme qui annonce « les persistantes résolutions.

« Nous avons immédiatement répondu que nous étions « très-heureux que les derniers mots du général nous « permissent d'affirmer une fois de plus les sentiments de « la garde nationale en rectifiant l'impression qu'on pa- « raissait en avoir conçu dans l'armée; que la demande « relative au service de deux pièces d'artillerie dans les « forts et des portes de la ville n'avait été inspirée que par « le désir que nous avions tous de nous rendre utiles et « aptes à défendre utilement notre ville et notre pays; « que, du reste, l'une des considérations qui avaient pro- « voqué notre démarche près du général Changarnier était « précisément le désir de créer, par la présence à notre « tête d'un aussi glorieux soldat, un lien de plus entre « l'armée et nous; que, pour ce qui était des sentiments « dévoués et valeureux de l'armée, nous tenions à cœur de « les partager tous, et que si, pour mériter l'honneur « d'avoir à notre tête le général Changarnier, il ne « fallait que lui fournir un bataillon pour marcher à La- « donchamps, ce n'est pas un bataillon seul qu'il trou- « verait, mais bien toute la garde nationale qui le suivrait. « Que si nous lui demandions de nous conduire, c'est pré- « cisément parce que nous savions où il nous conduirait; « qu'il pouvait faire part au maréchal Bazaine de ces dis- « positions où nous sommes tous, et que, dans cette situa- « tion, nous ne pouvions qu'attendre respectueusement sa « réponse. »

« Après des phrases échangées ensuite sur le départ « prochain de l'armée et ses conséquences, on se sépara.

« 16 octobre 1870. »

Ce refus du général Changarnier était désespérant dans ses termes et dans son esprit. Il faisait s'évanouir la dernière illusion de la garde nationale et brisait sa dernière espérance de coopérer comme elle le voulait ardemment au salut commun. Elle avait été trompée, trahie, abandonnée. Elle ne devait plus que s'épuiser en efforts individuels et superflus.

A partir de ce moment, les événements se précipitèrent... Tout se démasqua à la fois. Presque simultanément parurent les affiches annonçant que Metz n'avait plus que pour quatre jours de vivres et l'annonce de la capitulation souscrite par Bazaine. L'œuvre était accomplie. Jusqu'au dernier instant, la garde nationale tendit ses bras à l'armée qui, trompée et trahie de son côté, ne lui répondit plus. Toutefois des protestations généreuses se firent jour dans cette armée qui était sacrifiée aussi. Mais elles étaient isolées. Là manquait également une direction nécessaire. Avec un chef résolu, quinze ou vingt mille hommes pouvaient se jeter dans Metz et dans les forts. C'était suffisant avec l'appoint de la garde nationale pour se défendre des mois encore. Il y avait des vivres dans la population, qui offrait de les partager jusqu'au dernier morceau. Tout pouvait être sauvé. Il fallait un effort de la part des chefs et des officiers de l'armée. Ils ne le firent pas. Des troupes vinrent se masser dans les rues de la ville pour contenir la population. Tristes et silencieuses, mais croyant remplir un devoir, elles assistèrent à l'explosion de l'indignation publique. Le 28, alors que le tocsin de la Cathédrale sonnait comme un glas de funérailles, pendant qu'on voilait de crêpe la statue Fabert, quelques généreux citoyens et gardes nationaux pénétrèrent une dernière fois chez le commandant de la place de Metz, et le sommèrent avec véhémence de tenir le serment qu'il avait fait sur son honneur. Personne mieux que lui ne pouvait organiser la résistance, même à ce moment suprême, en concentrant dans la ville et les forts les dissidents de l'armée. Ces derniers efforts furent impuissants. Pour éviter la honte que le général en chef infligeait à son armée de rendre ses armes à l'ennemi, la garde nationale remit les siennes aux sergents-majors de chaque compagnie. Le lendemain, 29 octobre, les forts occupés par l'armée étaient livrés à l'ennemi, et l'armée prussienne faisait son entrée dans Metz, qu'elle occupait militairement. Tout était consommé!

Dans ce simple récit, nous n'avons tenu qu'à mettre en relief l'attitude et les sentiments de la garde nationale de Metz. Nous le répétons; froidement mais énergiquement résolue à son devoir, elle l'eût accompli dans toutes ses extrémités. Placée exceptionnellement dans le centre d'action d'une armée de 180,000 hommes qui, dans l'incroyable inaction où la maintenait son chef, absorbait et détruisait incessamment toutes les ressources de la ville, et en même temps la dominait, elle n'aurait pu, sans folie, se heurter à cette armée, et elle se trouva réduite à la plus complète impuissance. D'ailleurs, honnête et loyale, elle eut, comme l'armée, une confiance que tout lui commandait d'avoir. Ce fut son seul tort. Comme l'armée, elle fut indignement trompée. L'histoire jugera sévèrement les hommes qui l'ont trahie.

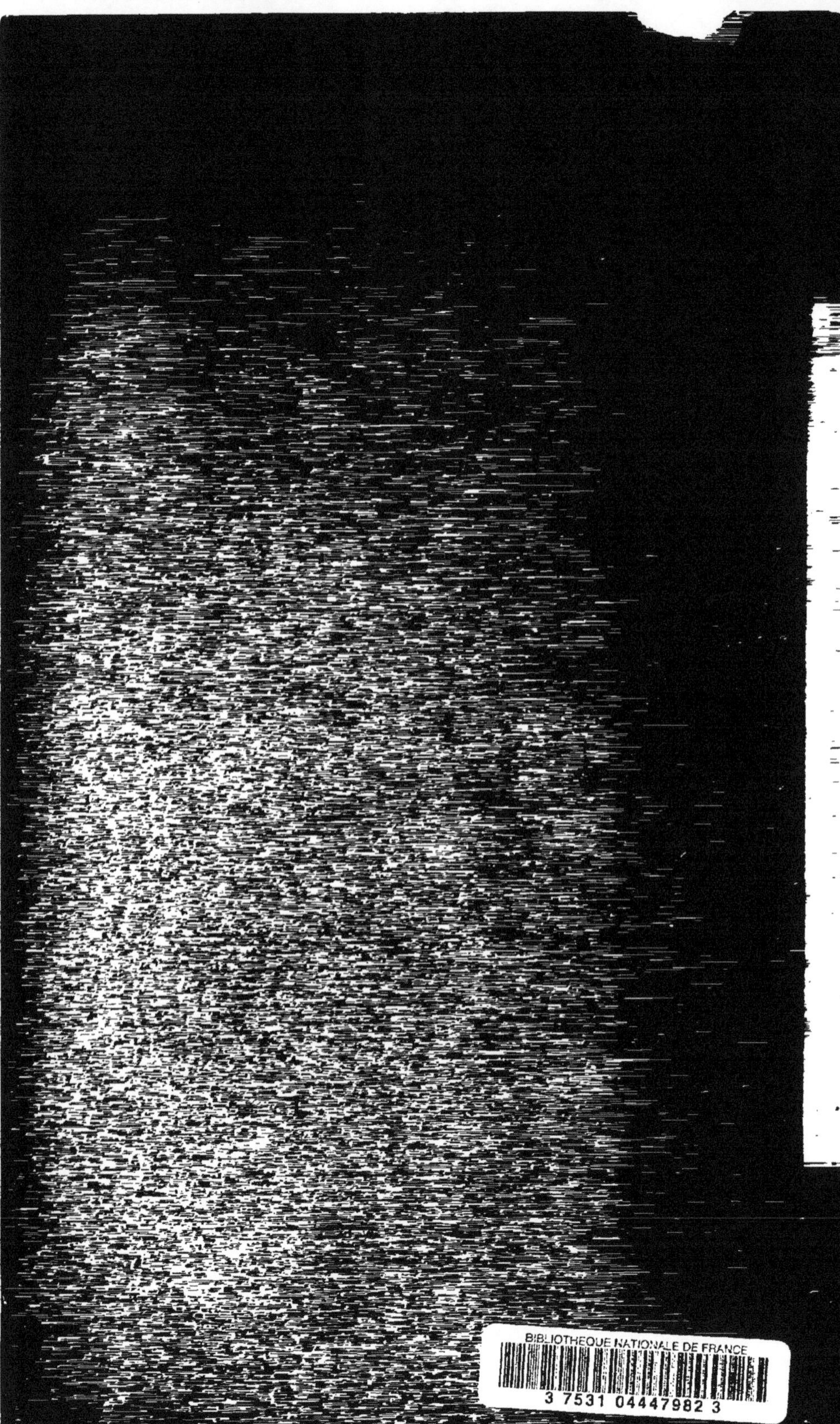

www.ingramcontent.com/pod-product-compliance
Ingram Content Group UK Ltd.
Pitfield, Milton Keynes, MK11 3LW, UK
UKHW012305240726
13966UKWH00004B/1639

9 782011 924995